古代玻璃器皿

◎ 主编 金开诚

◎ 编著 于 元

吉林文史出版社

吉林出版集团有限责任公司

图书在版编目（CIP）数据

古代玻璃器 / 于元编著. —长春 ：

吉林出版集团有限责任公司 ：吉林文史出版社，2010.11（2023.4重印）

ISBN 978-7-5463-4119-4

Ⅰ. ①古… Ⅱ. ①于… Ⅲ. ①玻璃器皿-简介-中国

-古代 Ⅳ. ①K876.5

中国版本图书馆CIP数据核字(2010)第222270号

古代玻璃器

GUDAI BOLIQI

主编/ 金开诚　编著/于　元

项目负责/崔博华　责任编辑/崔博华　梁丹丹

责任校对/梁丹丹　装帧设计/马锦天

出版发行/吉林出版集团有限责任公司　吉林文史出版社

地址/长春市福祉大路5788号　邮编/130000

印刷/天津市天玺印务有限公司

版次/2010年11月第1版　印次/2023年4月第6次印刷

开本/660mm×915mm　1/16

印张/9　字数/30千

书号/ISBN 978-7-5463-4119-4

定价/34.80元

编委会

主　任：胡宪武

副主任：马　竞　周殿富　董维仁

编　委（按姓氏笔画排列）：

于春海　王汝梅　吕庆业　刘　野　孙鹤娟

李立厚　邴　正　张文东　张晶昱　陈少志

范中华　郑　毅　徐　潜　曹　恒　曹保明

崔　为　崔博华　程舒伟

前 言

文化是一种社会现象，是人类物质文明和精神文明有机融合的产物；同时又是一种历史现象，是社会的历史沉积。当今世界，随着经济全球化进程的加快，人们也越来越重视本民族的文化。我们只有加强对本民族文化的继承和创新，才能更好地弘扬民族精神，增强民族凝聚力。历史经验告诉我们，任何一个民族要想屹立于世界民族之林，必须具有自尊、自信、自强的民族意识。文化是维系一个民族生存和发展的强大动力。一个民族的存在依赖文化，文化的解体就是一个民族的消亡。

随着我国综合国力的日益强大，广大民众对重塑民族自尊心和自豪感的愿望日益迫切。作为民族大家庭中的一员，将源远流长、博大精深的中国文化继承并传播给广大群众，特别是青年一代，是我们出版人义不容辞的责任。

本套丛书是由吉林文史出版社和吉林出版集团有限责任公司组织国内知名专家学者编写的一套旨在传播中华五千年优秀传统文化，提高全民文化修养的大型知识读本。该书在深入挖掘和整理中华优秀传统文化成果的同时，结合社会发展，注入了时代精神。书中优美生动的文字、简明通俗的语言、图文并茂的形式，把中国文化中的物态文化、制度文化、行为文化、精神文化等知识要点全面展示给读者。点点滴滴的文化知识仿佛颗颗繁星，组成了灿烂辉煌的中国文化的天穹。

希望本书能为弘扬中华五千年优秀传统文化、增强各民族团结、构建社会主义和谐社会尽一份绵薄之力，也坚信我们的中华民族一定能够早日实现伟大复兴！

目录

一、略谈玻璃

我国玻璃器产生于西周，已有三千多年的历史了。在其发展、繁荣的过程中，形成了鲜明的民族特色和独特的艺术风格，在世界玻璃史上占有重要的地位。

在中国古代，玻璃有以下多种称呼：

"璆琳"，此称呼见于《尚书·禹贡》。璆琳原指美玉，古人借以称呼状似美玉的玻璃。

"琉璃"，此称呼最早见于西汉桓宽《盐铁论》，"璧玉、珊瑚、琉璃，咸为国之宝"。琉璃这一称呼一直沿用到明代，有些地区现在还在使用。清初，皇家认为"琉璃"一词与"流离"同音，不吉利，于是改称"玻璃"。

"药玉"，此称呼见于《穆天子传》，晋代郭璞注释说："今外国人所铸器者亦

皆石类也。按此所言，殆今药玉、药琉璃之类。""药玉"即如熬药般烧炼出来的玉一般的玻璃。

"瓘玉"，元代设置瓘玉局，作为宫廷监制玻璃器的机构，因此瓘玉局制造的玻璃称为瓘玉。

"罐子玉"，明代曹昭《格古要论》说："罐子玉，雪白罐子玉系北方用药于罐子内烧成者。若无气眼者与真玉相似。"这是将玻璃称为"罐子玉"。

"料"是清末北京流行的对玻璃的称呼。北京不产玻璃，需从外地购买玻璃料加工成玻璃器，因此将玻璃称为"料"，至今仍有人这样称呼玻璃。

玻璃古时尚有流璃、陆离、颇黎、火齐、琅玕、明月珠、瑟瑟等称呼。

自然界有天然玻璃。天然玻璃是这样形成的：火山爆发时，一种较为透明的液体物质在熔化时形成连续的网络结构，冷却过程中黏度逐渐增大，硬化后形

成不结晶的硅酸盐类非金属物质——玻璃，其主要成分是二氧化硅。

三千多年前，欧洲古国腓尼基的一艘商船满载着晶体矿物"天然苏打"，航行在地中海沿岸的贝鲁斯河上。走着走着，海水突然落潮，商船搁浅，船员们不得不纷纷登上沙滩。这时，大家都饿了。有的船员抬来大锅，搬来木柴，用几块天然苏打做支架，在沙滩上支起大锅做起饭来。船员们吃完饭，潮水开始上涨，当他们正准备收拾一下东西登船继续航行时，突然有人高声喊道："快来看啊，锅下的沙地上哪来的闪闪发光的东西？"船员们闻声跑过来，把这些闪光的东西带到船上仔细研究起来，发现这些亮晶晶的东西上粘有一些石英砂和熔化的天然苏打。

　　原来，这些闪光的东西是做饭时用来做支架的天然苏打在火焰的作用下，与沙滩上的石英砂发生化学反应而产生的晶体，这就是最早的人造玻璃。后来，腓尼基人把石英砂和天然苏打和在一起，用一种特制的炉子熔化后制成玻璃球，到处兜售，发了一大笔财。我们现在使用的玻璃是由石英砂、纯碱、长石及石灰石经高温制成的。这些物质的熔液在冷却过程中黏度逐渐增大，形成不结晶的固体材料——玻璃。

　　玻璃性脆而透明。

　　公元前一千多年前，我们的祖先造出了无色玻璃。在西周时期的古墓中，曾发现玻璃管、玻璃珠等玻璃饰物。在我国几千年的历史长河中，涌现

出形形色色的玻璃器，有实用器皿，有供观赏的摆件，也有佩戴在身上的饰物。现在，玻璃大显身手，其制品已被广泛用于建筑、日用、医疗、化学、电子、仪表、核工程等诸多领域。

一直到明末，玻璃都通称为琉璃。清初，琉璃专指用于建筑上的用低温彩陶所烧造的釉面砖瓦，而将琉璃改称玻璃。清末，又将玻璃制品改称料器。

除清代外，中国古代玻璃器存世数量较少，研究历史也较晚，未能像瓷器、玉器等文物那样建立起完整的体系，给中国古代玻璃器的鉴定与收藏造成了一定的困难。但各代玻璃器仍然有迹可寻，因为一个时代的器物总是统一在一个时代的风格之下的。

一般来说，西周玻璃器朴素无华，色彩较暗，器形简单，质地疏松，制作粗糙；春秋战国时期的玻璃器工艺水平较高，光洁度好，以仿玉为主；两汉时期的玻璃器延续了战国时期的传统；三国两晋南北朝时期的玻璃器又轻又薄，透明度较好，异域风格加重了；隋唐玻璃器亮丽多姿，波斯风格浓重；宋元时期的玻璃器小巧精致；明代玻璃器多为民用器皿；清代玻璃器数量多、色彩艳，工艺高超，登上了中国古代玻璃器的顶峰。

中国古代玻璃工艺发展比西欧滞缓，其主要原因是中国古代制陶、青铜、制瓷、漆器等工艺高度发达，致使对玻璃工艺发展的要求不是很迫切，从而在某种程度上抑制了玻璃工艺的发展，这是

魏晋南北朝时期西方玻璃配方与技术传入中国之后，中国玻璃工艺仍未发展兴盛的主要原因之一。但是，到了清代，我国的玻璃工艺终于赶超世界先进水平了。

二、中国古代玻璃器的分类

（一）单色玻璃器

单色玻璃器是用一种颜色的玻璃吹制或模制而成的器物，有透明、半透明、不透明三种。单色玻璃器绝大多数为光素体，也就是无花纹装饰。只有少数在肩部或口部做其他颜色的装饰。单色玻璃器一般以造型优美、质地晶莹和颜色纯正取胜。如红、蓝透明玻璃器晶莹剔透，酷似红、蓝宝石；无色透明玻璃器透亮清澈，好似水晶一般；白色半透明或不透明的玻璃器温润柔美，有如羊脂白玉；黄色不透明玻璃器柔和明丽，好似新鲜的鸡油。单色玻璃器具有强烈的艺术感染力，或质朴高雅，或热烈华贵，令人赏心悦目。乾隆年间，玻璃的颜色已高达三十多种，有白、红、黄、绿、蓝、紫等基本色，更多见的是各种中间色和过渡色，如涅白、娇黄、湖蓝、腊黄、草绿、翡翠绿、橙、粉红、玛瑙红、砖红等色，构成了一个个晶莹剔透、美艳夺目的玻璃器精品。

如清雍正黄玻璃橘瓣式渣斗，清宫内务府养心殿造办处玻璃厂烧造，现藏于台北故宫博物院。此器模制，属摆件，即陈设玩赏品。高9.9厘米，口径9.7厘米。喇叭口，大而外侈，似盛开的菊花，向下内收成束颈, 腹部呈橘瓣状隆起, 形似倭瓜, 腹与足连接处内束, 圈足。通体为不透明橘黄色, 以凹凸手法塑成十六瓣橘瓣状。颜色艳丽, 俗称"鸡油黄", 均匀、纯正、洁净, 成色难度极大。此器造型秀美, 堪称清代早期玻璃器精品。底部中心双线方框内阴刻楷书"雍正年制"双直行款。渣斗又名爹斗、唾壶, 用于盛装唾物。如果置于餐桌, 则专用于盛肉骨、鱼刺等食物渣滓; 小型者也用于盛茶渣, 因此也列于茶具中。

(二) 套色玻璃器

套色玻璃器是玻璃成型与雕刻相结合的复合工艺。做法有两种, 都以单色玻璃为胎体, 其一是在表面满套其他颜色的玻璃, 之后运用琢玉的方法在表层上琢刻出阳纹图案。其二

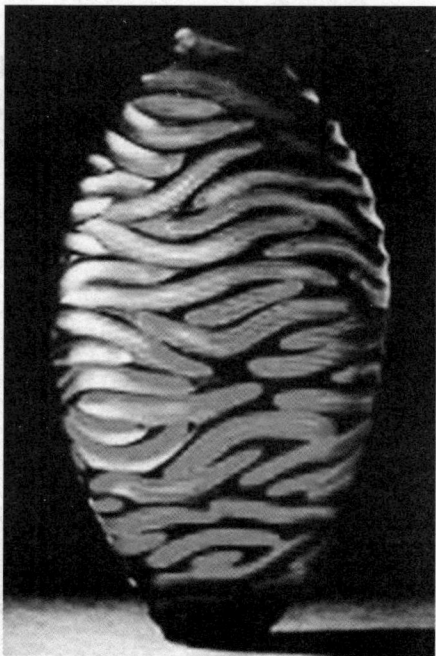

是用烧熔的有色玻璃棒直接在胎体上粘贴，做成花纹，之后稍加打磨即可。这种做法可以作出多姿多彩的器物。套色玻璃工艺始于康熙年间，但目前所见最早的传世作品是乾隆时期的。套色玻璃的主要品种有白套红、白套蓝，此外还有黑套红、黄套绿、绿套蓝等。套色玻璃既有色彩搭配的和谐之美，又有浮雕的立体效果。其制作虽然极费工时，又很复杂，

但却有良好的艺术效果，给人以美的享受，在玻璃艺术史上是一项重要的发明创造。它的特点有三个：一是颜色丰富，在色度的纯净、色别的多样、色调的搭配上取得了飞跃性的突破；二是层次丰富，不仅体现在凹凸相间的空间差别上，而且不像过去贴花或堆花，仅仅是简单的装饰和器物上的附属品，而是脱胎换骨，与器物浑然一体，相映成趣了，既有颜色的深浅搭配或强烈对比，又有留白与纹饰的空间比例，无一不在匠师的构思之内；第三是立体感强，浮雕效果显著，有的已经近于圆雕。

如清乾隆黄套红玻璃荷花纹缸，清宫旧藏，现藏于北京故宫博物院。此器高9.3厘米，口径10.3厘米，底径8.5厘米。圆形，收口，腹下部略收，平底，形状近似于钵。通体以淡黄色玻璃为胎体，外套半透明红色玻璃。腹部饰通景夏日荷塘图，散布的荷叶、盛开的荷花及莲蓬亭亭

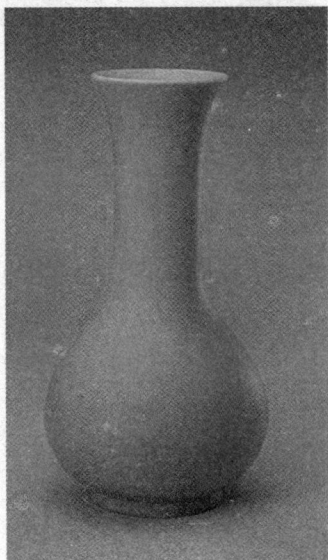

玉立于水波之中，数只蜻蜓和蜜蜂飞舞空中。此缸质地精纯、构图疏朗、高贵典雅，为乾隆时期玻璃器珍品。外底阴刻楷书"乾隆年制"古币式款。

如黄地套绿玻璃瓜形盒，清代玻璃器，内务府养心殿造办处玻璃厂烧造，现藏于北京故宫博物院。此器高4.7厘米，瓜形，属小件玩赏品。器分盒盖、盒底两部分，整体合拢后形成一个扁圆甜瓜形器。器胎用淡黄色玻璃制成，胎中呈现出黄为主、红为辅二色相间的搅丝纹。胎外套饰绿色透明玻璃，呈花叶形状，覆在甜瓜形胎上。黄色的甜瓜、绿色的花叶、叶上爬着的甲虫浑然一体，造型逼真、立意巧妙、工艺精湛。

又如白套红云龙纹玻璃瓶，清乾隆年间内务府养心殿造办处玻璃厂烧造。高29.5厘米，口径9.5厘米。此瓶以涅白色玻璃做胎，紫红色玻璃套饰。口沿为喇叭状，细颈，腹阔大下垂，矮足，平底。瓶口饰弦纹一周，颈部饰蕉叶纹，肩部饰蔓草纹和如意云纹，腹部为如意云龙戏珠图，间饰云纹，近底处饰莲瓣纹。胎质润泽，造型典雅，纹饰华丽精美，堪称玻璃器中之精品。瓶底双方框内刻楷书"大清乾隆年制"六字款。

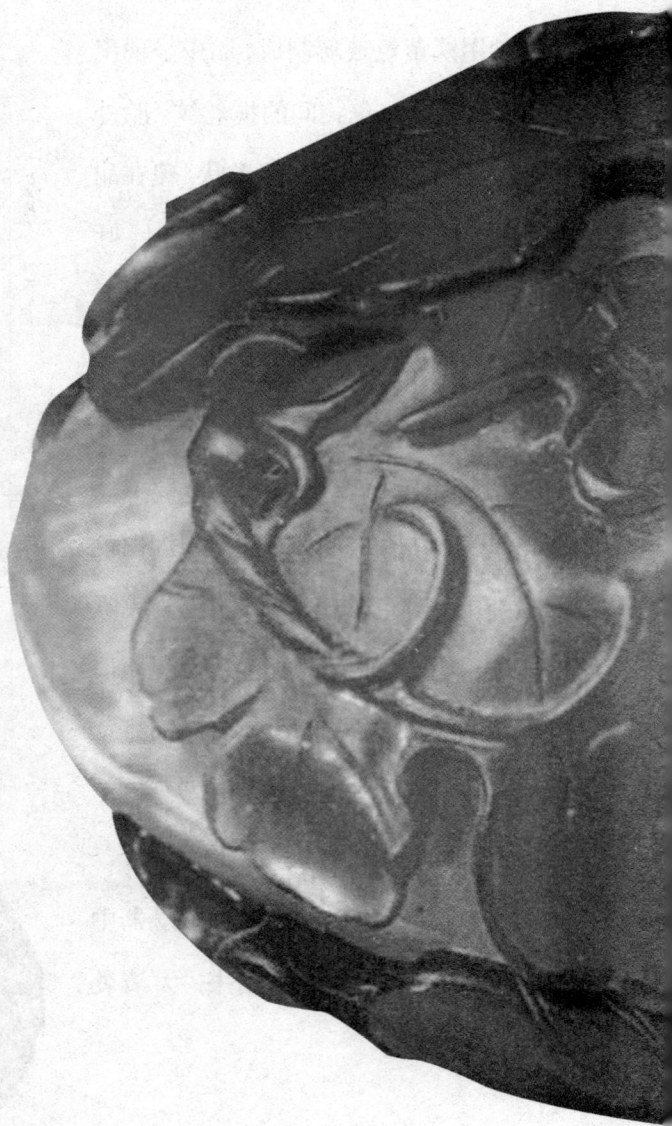

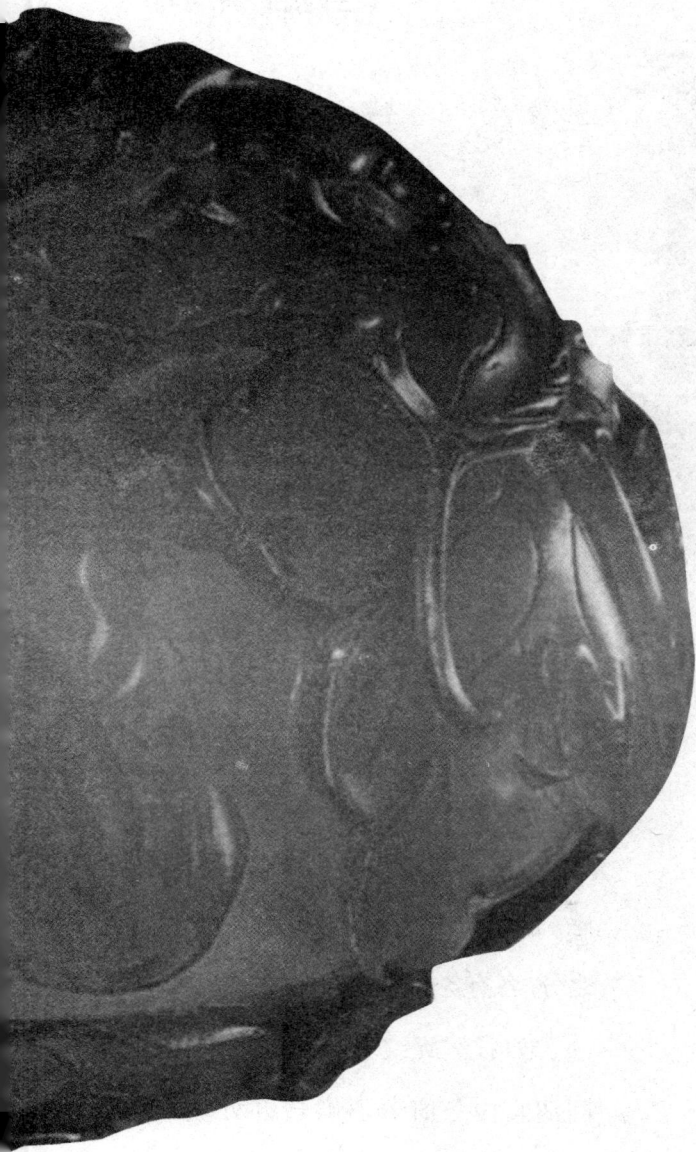

（三）搅胎玻璃器

搅胎玻璃器有两种工艺：有胎工艺和无胎工艺。有胎的先用一色玻璃造型，再用半熔状的其他几种有色玻璃条在表面旋转，贴出花纹。无胎的是用两色或若干种颜色的玻璃吹制而成。其中有两种颜色对等使用的，在吹制过程中要不断地进行旋转，呈现出有规律的旋转花纹。还有以一种颜色为主，加少许其他颜色的，在吹制过程中，形成带状或云雾状不规则的花纹，令人有玄妙神幻之感。搅胎玻璃也有透明、半透明和不透明之分，各有各的艺术特色。

如彩丝旋纹玻璃撇口瓶，清乾隆年间清宫内务府养心殿造办处玻璃厂烧造，现藏于北京故宫博物院。高20.8厘米，口径11厘米，底径7.2厘米。瓶口外撇，呈喇叭状，颈部较细，腹部阔而圆，下有撇足。瓶的外壁由白、蓝、红三种相间的颜色组成螺旋式的条纹带。口、足均为绿色，绿中又有蓝光闪烁。瓶底镌刻"乾隆年制"楷书款，等距离分布在足内边侧。此瓶制作工艺复杂，先用白色玻璃吹制成型，然后飞速在白色胎体外缠绕蓝、红条状玻璃料，放入模子内继续充气，直至最后成型。瓶口和足部先用掺有蓝料的绿色玻璃制成，加热后再与瓶体黏合。此瓶纹饰新颖，流动感强，华而不俗，令人目为之眩，神为之动，堪称清代玻璃器中的珍品。

又如搅胎捻金星玻璃

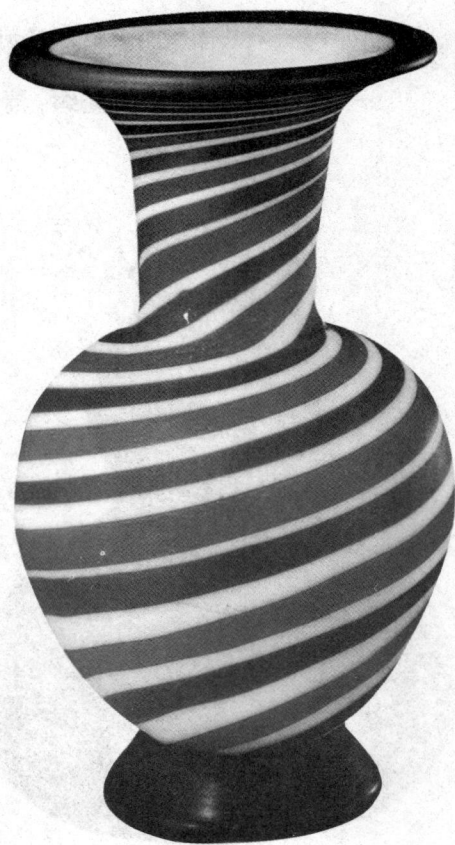

葫芦式烟壶，清宫内务府养心殿造办处玻璃厂烧造，现藏于北京故宫博物院。通高5.4厘米。此壶以紫色玻璃为胎，器身被吹制成葫芦形，上小下大，底部内收，器物表面绕有细微的蓝、黄、绿色条纹，并且还点缀有零星的片状金星料斑点。整器精妙异常，华贵而不媚俗，富丽而不繁缛，清丽典雅，气度不凡。此器制作工艺极其复杂，技巧要求非常高，要在将玻璃吹制成型的同时，运用搅丝的技法，不断地把蓝、黄、绿色玻璃料丝不规则地缠绕在器物表面，呈现出缠丝玛瑙所具有的特殊效果。与此同时，还要在玻璃胎中捻入片状的金星料，使之呈现出星光闪烁的效果。由于鼻烟壶体积很小，因此制作难度更大。此壶属

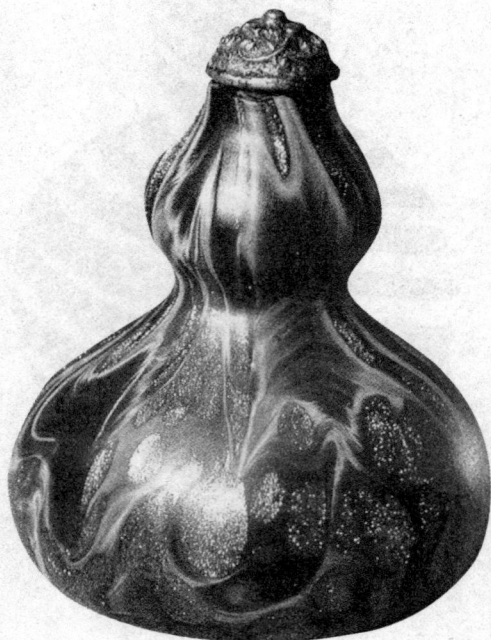

于国宝级文物。

（四）缠丝玻璃器

缠丝工艺源于西方，清宫内务府养心殿造办处玻璃厂制作缠丝玻璃器始于乾隆时期，是以西洋玻璃器为参照物，并由西洋人亲自制作的。康熙皇帝和乾隆皇帝非常喜爱和重视西方传教士们带来的科技知识，并把一些传教士派到清宫内廷工作，例如纪文、汪执中被安排在内务府造办处玻璃厂，可以把他们所掌握的技能发挥出来。这样，西方玻璃技术得以引进和使用，大大推动了清朝玻璃业的发展。传世的乾隆时期的缠丝玻璃器仅见玻璃瓶、碗等少数器皿。缠丝玻璃器虽有实物，但其技艺未能流传，仅知其与搅胎玻璃器近似，但有区别。

如清乾隆缠丝玻璃瓶，现藏于北京故宫博物院。高30.4厘米，口径10.5厘

米，底径8.5厘米。通体以无色透明玻璃为胎，吹制而成。表面用白色玻璃条互相缠绕，纤细均匀，呈螺旋状布满器身，一气呵成，均匀如丝，其间找不到任何衔接痕迹。可谓技法高超，匪夷所思。此器壁薄体轻，材精形美，色彩素雅，别具一格，在玻璃器物中极为罕见。

（五）描金玻璃器

描金玻璃器上的描金工艺由髹漆工艺中描金漆技法移植而来，是在一色玻璃器的表面用泥金描绘出花纹图案。描金工艺特点是玻璃器流光溢彩、富丽华美、宫廷色彩浓厚。

如枫叶纹描金蓝色玻璃盘，唐代玻璃器，陕西省扶风县法门寺唐真身宝

塔地宫出土，现藏于法门寺博物馆。胎薄厚均匀，高2.1厘米，外口径15.8厘米，内腹径12.5厘米，边沿宽1.6厘米。此盘浅蓝色，盘中央蓝色较重，向外逐渐变浅。腹面描金装饰，边沿满铺金色，形成金色宽边。腹中以细线绘制枫叶纹图案，向心八叶对称。外圈以链环及短斜线填满盘面，装饰手法借鉴汉唐铜镜格式。此盘以描金装饰，是专为佛教供奉设计制作的祭祀用品。此盘在地宫中埋藏千余年，盘上有脱金现象，细线描金处存留尚属完整。此盘为玻璃器中的珍品，为研究唐代玻璃工艺提供了实物资料。

（六）戗金玻璃器

戗金玻璃器上的戗金工艺由髹漆工艺中的戗金漆技法移植而来，做法是在

一色玻璃器表面上按照事先设计好的花纹图案碾琢出纤细均匀的凹槽,然后在凹槽内打金胶,上金箔,成为金色图案,使玻璃器显得富丽华美,流光溢彩。

如清乾隆粉红色玻璃戗金缠枝花纹三式,清宫内务府养心殿造办处玻璃厂烧造,清宫旧藏。炉高7.6厘米,口径8.6厘米;瓶高12.7厘米,口径2.3厘米;盒高3.7厘米,口径6.6厘米。三式由炉、瓶、盒组成。炉为双耳,三足,炉内置铜镀金胆,供燃香之用;瓶为马蹄式;盒为圆形。三式均以粉红色玻璃制成,上饰戗金缠枝花纹。底阴刻楷书"乾隆年制"四字款。此器小巧精致,醒目亮丽,为戗金玻璃器中之珍品。

又如透明玻璃戗金盖碗,清宫旧藏。通高7.3厘米,口径10.7厘米。圆形,平底,有盖。通体由无色透明玻璃制成,盖及碗外壁

纹饰相同，均阴刻戗金如意云头纹和蕉叶纹。此碗质地润洁，光泽度好，金彩奕奕，明净华丽，堪称玻璃器中的珍品。

又如蓝玻璃戗金烛台，清宫内务府养心殿造办处玻璃厂烧造，现藏于北京故宫博物院。蓝色，最上面是圆形小碗，正中有一铜制蜡扦，其下有一圆管形立柱，柱下为大口径浅盘，浅盘下又有一圆短柱，管状，最下面是覆碗式高足。整器比例匀称，造型周正稳重，做工精细。器表有线刻阴文图案装饰，为缠枝莲花纹和卷云纹，纹内戗金，显得雅洁高贵，别有风趣。

（七）金星玻璃器

金星玻璃是一种在黄褐色玻璃体内蕴涵着细细的、金光闪闪的结晶颗粒的玻璃。制造方法与其他玻璃器不同，要先在坩埚内将金星玻璃烧成块料，然后运用琢玉的方法雕琢成器。金星玻璃的烧造技术源于欧洲，乾隆六年（1741年），清宫玻璃厂在西方传教士的指导下，烧成了中国自己的金星玻璃，并雕制了许多赏玩玻璃器和实用玻璃器。金星玻璃制品以圆雕器为主，多以写实的表现方法雕成器物，题材十分丰富。金星玻璃具有浓重的宫廷色彩和皇家气息，金光闪烁，富丽堂皇。

　　如金星玻璃天鸡式水盂，清代乾隆年间内务府养心殿造办处玻璃厂用失蜡法烧造。长21.5厘米，高15厘米。水盂作天鸡俯卧回首状，鸭嘴，羊须，凤尾，羽饰华美。背上有一圆孔，腹内可贮水。此器造型奇特，制作精细，金星闪烁，华美异常。天鸡是古代传说中的神鸟，《古小说钩沉》里曾记载说："东南有桃都山，上有大树，名曰桃都，枝相去三千里。上有一天鸡，日初出，光照此木，天鸡则鸣，群鸡皆随之鸣。"采用天鸡造型是借用天鸡神威长保平安之意。

又如金星玻璃如意，清中期玻璃器，现藏于北京故宫博物院。长20.3厘米，最高3.4厘米。灵芝形，通体在金星玻璃上雕刻而成。如意头雕成灵芝状，如意身正反两面雕刻七朵小灵芝。此器造型新颖，镂雕精细，金星玻璃质量上好，堪称玻璃器中之精品。如意又称"握君""执友"或"谈柄"，由古笏和搔杖演变而来，多呈S形，类似北斗七星的形状。如意是一种象征祥瑞的器物，用金、玉、竹、骨等制作，头作灵芝形或云形，柄微曲，供指画用或玩赏，寓意万事如意。用玻璃做的如意很少，此器极为珍贵。

（八）磨花玻璃器

磨花玻璃器运用玉器的加工方法，即利用砣子带动加水的石英砂在玻璃表面磨出花纹和图案。砣子是一种可以高速转动的带柄小轮子。乾隆年间，磨花玻璃深受西方外来工艺影响，与我国传统装饰花纹区别较大，是运用切割宝石的技法，在器物表面磨出棱形花纹，显得晶莹剔透，闪闪发光，具有刻面宝石的装饰效果。

如磨花玻璃舍利瓶，北宋玻璃器，浙江省博物馆藏。口径3.4厘米，底径3.1厘米，通高9厘米。宽平折沿，细长颈，球形腹，厚平底。颈部磨刻两道凹弦纹，腹部磨刻流畅的折枝纹，器底深蓝色与器身浅蓝色形成鲜明对比，瓶内有白色细珠粒舍利。此器材质细腻，色泽莹润，造型简而精，是宋代玻璃器中的珍品。

又如清乾隆绿玻璃渣斗，宫廷御用，清宫旧藏，现藏于北京故宫博物院。通体由透明绿色玻璃磨制而成，高8.7厘米，口径7.7厘米。口呈喇叭状，鼓腹，平底，饰有连续的六角形装饰。渣斗即痰盂，宫中生活用品之一，质地多为瓷器、铜器和珐琅器，玻璃渣斗十分少见。此渣斗玻璃质地纯净，透明度极佳，所磨制的几何纹样有立体效果，为清代乾隆年间玻璃器中的精品。

（九）刻花玻璃器

刻花玻璃器也称雕花玻璃器，做法是先以一色玻璃烧造成器，然后再运用琢玉的方法在其表面雕琢花纹作为装饰。根据花纹表现手法可分为两种：一为阴刻的凹陷花纹；二为阳起的浮雕花纹。我国琢玉历史悠久，技艺高超精湛，为雕花玻璃工艺奠定了坚实的基础。那些精美的雕花玻璃作品往往出自技艺高超的玉匠之手，阴刻的花纹纤细精致，浮雕的花纹饱满圆熟，琢刻出无数精美的玻璃器。

如茶色透明玻璃刻花酒杯，高3.4厘米，口径6厘米，底径2.9厘米，吹制而成。外壁一周阴刻花蝶图，上面花草散布，昆虫穿飞，构图疏朗。外底中心阴刻单方框，内刻"乾隆年制"双竖行楷书款。玻璃质地纯净，色泽柔和，刻饰花纹清晰，为极珍贵的玻璃作品。

（十）描彩玻璃器

用彩釉在玻璃上描出花纹形成图案的玻璃器称描彩玻璃器。如黄色玻璃石榴纹盘，唐代玻璃器。1987年4月于陕西扶风法门寺唐塔地宫出土，现藏于法门寺博物馆。高2.7厘米，口径14.1厘米，重84克。吹塑成型，敞口，翻沿，圆唇，平底。内底中心凸起，底外壁有铁棒痕。内底涂饰黄色，花纹涂黑。口沿处施12个半圆弧纹，围成一圈；腹壁饰两圈弦纹；底部绘出石榴花叶纹。在法门寺地宫出土的玻璃器中，此盘是唯一的描彩玻璃器。此

盘出土于地宫后室，唐僖宗供奉。

（十一）玻璃胎珐琅彩玻璃器

珐琅的基本成分为石英、长石、硼砂和氟化物，与陶瓷釉、琉璃、玻璃同属硅酸盐类物质。中国古代习惯将附着在陶胎或瓷胎表面的称釉，附着在建筑瓦件上的称琉璃，附着在金属表面上的称珐琅。玻璃胎珐琅彩玻璃器是以玻璃为胎体，以珐琅釉料绘图进行装饰的玻璃器，其工艺由铜胎画珐琅发展而来。工艺要求极高，因为玻璃与珐琅同属一种物质，熔点非常接近，在反复焙烧过程中，如果温度低了，珐琅釉不能充分熔解，呈色不佳；如果温度高了，胎体会变形，就

成废品了。所以玻璃胎画珐琅仅适用于制作小件器物，如小瓶、鼻烟壶等。玻璃胎画珐琅可以描绘出多种题材的画面，如山水人物、花鸟鱼虫等均可入画。细润的玻璃胎体与绚丽的珐琅彩相衬托，可谓精美绝伦，令人爱不释手。

如玻璃胎画珐琅花鸟小瓶，清宫内务府养心殿造办处玻璃厂和珐琅厂联合制作，高8.5厘米，口径1.2厘米。此瓶小圆口，直颈，筒形身，圈足。通体以乳白色玻璃为地，上以珐琅彩描饰花纹。口边绘蕉叶纹，腹部环饰花鸟图。瓶底阴刻楷书"乾隆年制"四字款。玻璃胎画珐琅是清代与铜胎、瓷胎画珐琅先后出现的新工艺，而玻璃胎画珐琅制作难度最大，作品传世绝少。此瓶造型秀美，胎色如玉，珐琅彩花鸟图赏心悦目，堪称一代精品。

（十二）内画玻璃器

清代末年，北京内画鼻烟壶画匠开始在玻璃鼻烟壶内画图案，赢得了人们的好评。不久，鼻烟壶风行一时，并流入海外，不少欧美艺术品收藏家都争相收藏。

内画工艺是用自制的竹笔在口小如豆的方寸瓶内反手作画。作画时，画师须全神贯注，气沉丹田，发力于腕，行气于笔，将天地容于方寸之间。内画极费目力，画家每工作半小时就要稍事休息，每两小时便要闭目养神。由于内画创作十分艰辛，一百多年来，这门艺术仍为我国所独有。

如叶仲三玻璃内画鱼藻图鼻烟壶，清代玻璃器，

高7.5厘米。双面均绘鱼藻纹，笔意生动有趣，仿佛眼前游动的是有生命的鱼。鼻烟壶左上方书"癸卯夏伏作于京师，叶仲三"。叶仲三是清代末年闻名京师的内画大师，他的作品以雅俗共赏著称于世，所绘题材有山水、虫鱼、人物，可谓无所不包，尤以描绘中国文学名著《三国志》《红楼梦》《聊斋志异》《封神演义》中人物见长。其作品施色别具一格，以大红大绿为主，形成强烈的对比效果，具有浓郁的民族气息。

（十三）镶嵌玻璃器

玻璃器烧好后，外部再施包镶或加挂件的玻璃器称镶嵌玻璃器。包镶时多以镀金铜片包镶，铜片多雕镂

花纹。两者结合，相得益彰，堪称玻璃器烧造和铜镀金镂雕两种工艺相结合的产物。

如蓝玻璃包铜镀金镂空云凤纹罐，雍正年间清宫内务府养心殿造办处玻璃厂烧造，现藏于北京故宫博物院。通高39.5厘米，口径13.5厘米，底径17.8厘米，吹制而成。直口，短颈，鼓腹，长束胫，平底。盖顶为球形钮，钮下装饰十二瓣菊瓣纹，平沿，束颈。通体呈蓝色，半透明。罐外部分包铜镀金镂空纹饰片，腹部饰镂空云凤纹，上下两周各有五只凤凰在云中飞舞，穿梭嬉戏，以祥云纹间隔。腹下至底边用三大片铜镀金片包裹，并饰凸起的海水江崖纹；平底上另包一大块圆形光素铜镀金片。此罐装饰独特，构思新颖。

又如雄黄色玻璃兽面铜活环三足盖炉，清代玻璃器，现藏于北京故宫博物院。通高15.3厘

米，口径9.5厘米，足距6.5厘米。炉内为仿雄黄色玻璃，炉外表饰红色斑点纹。圆口上有盖，盖上为狮形钮。束颈，炉腹下垂，腹下有三个乳足。肩部有一对兽面铜活环耳。玻璃器上加铜环耳，是镶嵌玻璃器的一种。

三、中国古代玻璃器史

（一）西周玻璃器

中国古代玻璃器起源于西周。过去，一般学者认为我国古代玻璃是从外国传来的。但考古证明，距今三千多年前的西周时期，我国就已经有玻璃制造业了。考古发现我国最早的玻璃器是陕西周原的先周和西周墓中出土的玻璃珠和玻璃管。这是含有大量石英和少量铅钡的早期玻璃，不同于西方的钠钙玻璃。

从西周至魏晋南北朝，中国玻璃为铅钡玻璃。这种玻璃熔点低、质地脆、容易碎，只能采用青铜器的范铸法：先塑出实心泥模确定器形，然后将加工好的范泥贴在模上，使模上的纹饰压印在范泥上，待范泥半干后分割取下即成外范。分范后再将实心泥模的表面刮去一层成为内范，刮去的厚度即玻璃器壁的厚度。待内范与外范阴干定型后，将其烧造成陶范，最后经过浇铸、冷却等工序，带有纹饰的玻璃器就铸成了。

西周玻璃器分布区域除陕西周原外，东至山东曲阜，南至河南淅川、江苏苏州，北至山西曲沃，都有玻璃器生产，地域相当广阔。生产的玻璃珠有圆形、椭圆形、算盘珠形、梭形、十字形等；生产的玻璃管只有细圆管状一种，但长短

不一。玻璃珠和玻璃管多用于串饰，依使用者社会地位的不同而有所区别：平民佩用单一的玻璃珠管串饰，权贵多将玻璃珠管与白玉、红玛瑙珠管配合使用，使玉佩多姿多彩，具有白、青、红、绿、蓝等五彩缤纷的效果。西周人喜欢用蓝或绿色玻璃珠、红色玛瑙珠和白玉串联成杂佩，显然是用玻璃珠充作水苍玉了。这促成了古代玻璃与玉文化的联系。

西周玻璃器有四个特点：一是器型简单，只有珠、管装饰品；二是器型大小不一，规整度极差；三是质地疏松，有气孔；四是基本上没有纹饰，色彩单一，以浅蓝、浅绿为主。

如原始玻璃珠管，先周至西周玻璃器，出土于陕西扶风县，现藏于周原博物馆。珠径0.8—1.0厘米。管长1.8厘米，直径0.4厘米。含有少量的铅、钡，石英量

大于80%，有光泽，气泡极少，表面光滑，质地坚实，为人造原始玻璃，有瓷白色、天蓝色和麦绿色三种，呈圆球和长管状，为最早的铅钡琉璃。

经中外专家用现代光谱实验鉴定，共同得出了一个结论：中国的铅钡玻璃与西方的钠钙玻璃分属两个不同的玻璃系统。中国古代玻璃是用一种特有的原料独立制造出来的，其发明过程与青铜冶炼技术有着密切的关系：青铜的主要原料是孔雀石、锡矿石和木炭，冶炼温度

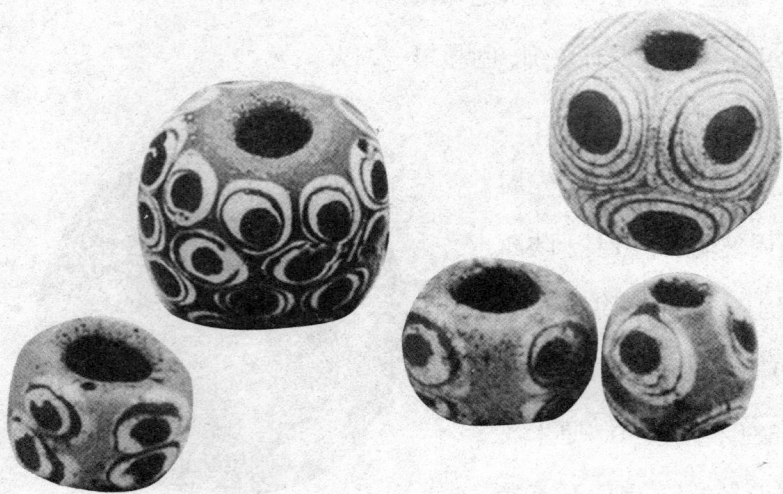

在1080℃左右。石英砂是熔制玻璃的主要原料，还有纯碱和石灰石等，冶炼温度为1200℃。在冶炼青铜的过程中，各种矿物熔化时，其中玻璃物质在排出的铜矿渣中出现，成为固化的硅酸盐化合物，不是拉成丝，就是结成块。由于一部分铜粒子侵入玻璃，因此呈现浅蓝或浅绿色。这些半透明、鲜艳的原始玻璃吸引了工匠，于是工匠便将其制成精美的装饰品。西周玻璃珠和西周玻璃管就是这样出现的。

（二）春秋战国玻璃器

春秋时期的玻璃器数量仍然很少，品种仍很单一，仅有套色的蜻蜓眼玻璃珠和嵌在剑格上的小块玻璃。

战国早期，玻璃器数量有所增加，但仍以蜻蜓眼玻璃珠等小型珠饰为主。如深蓝蜻蜓眼玻璃珠，春秋晚期赵卿墓出土，现藏于山西省考古研究所。长2.2厘米，直径1.2厘米。两端略平，正中有一圆孔。浅蓝色底，器表镶嵌24个白边深蓝圆点，酷似蜻蜓眼。制作精致，光彩夺目。又如蜻蜓眼式玻璃珠，战国玻璃器，河南文物商店藏。椭圆形，直径5.9厘米，球上有一直径为1.2厘米的穿孔，孔内有明显旋痕。珠面饰以规则对称的八组套色圈点纹，分别以蓝、黄和绛红色玻璃点染，套圈纹中心呈凸起状，形似蜻蜓眼。

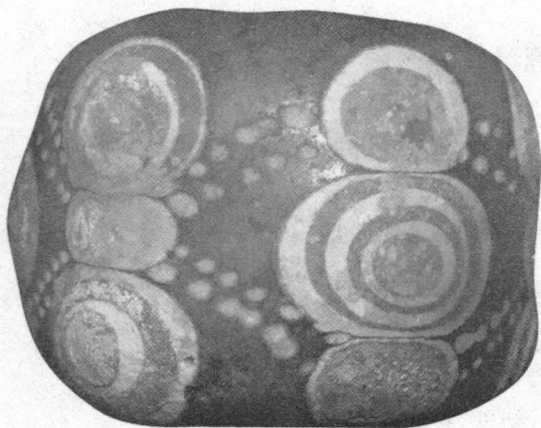

蜻蜓眼玻璃珠始见于春秋末、战国初，是玻璃器上流行纹饰的开端。这件作品与一般玻璃珠不同：尺寸大，湖北省曾侯乙墓出土的玻璃珠串中最大的一颗直

径为2.5厘米，而此器的直径是它的两倍多；纹饰繁缛，套色圈点纹大眼套小眼，并以小连珠串加以间隔，但繁而不乱；工艺多样，结合了贴塑、点彩及刻画三种装饰手法，有立体感；色彩丰富，绚丽华贵。这些都体现了当时玻璃器高超而纯熟的制作工艺。此器为战国时期随葬品，是我国现存玻璃珠中尺寸最大、分量最重、纹饰最复杂、保存最完整的一件，具有极高的科研价值和艺术价值，为国宝级文物。

玻璃珠是我国古代玻璃器物中常见的类型，也是最早出现的品种，远在西周时期就存在了。战国时期，玻璃珠大为流行。目前发掘的战国时期墓葬，其中的随葬玻璃器几乎都有玻璃珠。这是玻璃制造技术、制造设备不断改进，玻璃质地更加纯净的结果。因为当时玉资源较少，无法满足人们的要求，所以玻璃珠应运而生，产量大增，日益精美。

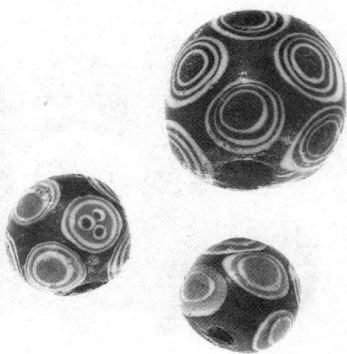

蜻蜓眼玻璃器源于西方，代表善眼，是用以抵御恶眼的。器上的蜻蜓眼越多，表示法力越大。蜻蜓眼玻璃器传入中国后，其最初的宗教意义渐渐消失，变成纯粹的装饰品，在纹饰上出现了更多的中国式图案。

战国中晚期，玻璃器的数量及品种多了起来，出现了玻璃制的璧、剑饰、印章等玻璃器。如玻璃璧，1975年于湖南省长沙市杨家山出土，现藏于湖北省博物馆。此器直径为11.3厘米，厚0.2厘米。米黄色，形制、纹饰与周代玉璧相同。圆形，扁平体，中有圆孔，表面饰以谷纹。此璧以模铸法成型，制作规整，色泽温润，显示了战国时期玻璃制造业的高度水平，堪称无价之宝。战国时期不仅将蜻蜓眼玻璃珠作

为装饰品，而且还以玻
璃制成仿玉品，此器即
仿玉品中的精品。又如
柿蒂纹谷纹玻璃剑首，
1953年于湖南省长沙市
东塘11号墓出土，现藏
于湖南省博物馆。直径
4.5厘米，厚0.5厘米。
米黄色，圆形，略呈喇

叭状。背面中央有一小柱，长0.4厘米，径
0.9厘米。正面光亮，器表中心有一小圆
点，外有两道阳线弦纹，其外为四朵云纹
组成的柿蒂状纹饰，在一周较粗弦纹外
是三圈谷纹，谷纹外有一周细弦纹。又如
玻璃印，阜阳市博物馆藏。高0.9厘米，边
长0.9厘米。印面方形，钮部有圆形穿孔。
印呈翠绿色，表面粗糙，有麻点。印面有
边档，字迹不清。玻璃印极为罕见，此印
有重要的科研价值。

（三）秦汉玻璃器

秦始皇于公元前221年统一全国，建立了秦朝。秦国在战国七雄中最为强大，其玻璃制造水平也最高。如在沛县发现的秦代玻璃井，下段井壁即以玻璃砌成。

汉朝代之而起，建立了多民族的统一大帝国。汉代玻璃工艺沿着战国、秦代的道路发展，继续生产玻璃器和嵌件，有耳杯、盘、带钩等生活用玻璃制品以及仿玉玻璃衣、玻璃璧、玻璃蝉等随葬用的玻璃器。

汉武帝在位时，张骞出使西域，开辟了丝绸之路，建立起了东西方交通的大动

脉,促进了东西文明的大交流。汉代丝绸
沿着丝绸之路运到欧洲,西方的玻璃器也
输进西汉都城长安,如杯、钵、瓶、珠等器
物。

仿玉类玻璃器在汉代已作为玉的代用
品。因为西汉殓葬制度严格规定玉为皇族
与王族所专用,所以在西汉用仿玉玻璃器
随葬是相当普遍的。这类器形以璧、环、
璜及佩饰、剑饰为主,甚至还有仿玉衣的
玻璃衣。如玻璃弦纹杯,1987年广西合浦
县文昌塔70号墓出土,现藏于广西壮族自

治区博物馆。高5.5厘米，口径7.3厘米，底径4厘米。此杯呈浅蓝色，敛口，弧腹，自腹下内收，小平底，底心略内凹。腹部饰细弦纹三道。该杯保存完整，色料好，是西汉时期玻璃器中的精品，对研究广西地区玻璃制造工艺极有意义。

又如玻璃带钩，1954年于广东省广州市出土，现藏于广东省广州市博物馆。长7.8厘米，以深绿色玻璃制成，半透明，形制与常见的玉带钩相同，扁平状，钩扣弯圆，尾端齐平，有一圆钮，全器光素无纹饰。带钩是我国古代一种钩状服饰用品，是用于腰间皮带上的钩，质地多为金属或玉。玻璃带钩出现于西汉，极为少见。这件带钩不仅反映了汉代玻璃制作技术的水平，同时也为研究古代服饰提供了实物资料。

又如玻璃耳杯，现藏于河北省文物研究所。高3.4厘米，长13.5厘米，宽10.4厘米。椭圆形，两侧有耳微向上翘，假圈足。湖绿色，微透明，光润如玉。采用模铸成型工艺，通体抛光，制作精美，对研究我国早期玻璃器皿的制造具有重要价值。

又如玻璃耳珰，汉代玻璃器。1991

年于湖南省常德市南坪乡出土，现藏于常德市博物馆。高1.7厘米，深蓝色，半透明。喇叭状，一端径大，一端径小，上下均为平面，大端平面中央一圈内凹，中间束腰有穿孔，供佩戴用。

又如玻璃蝉，阜阳县城郊出土，现藏于阜阳市博物馆。长6.4厘米，头部宽2.6厘米，身宽3厘米。中间略厚，呈灰白色，刻线较粗。整体逼真，双眼向外突出。汉代出土玉蝉较多，为口含随葬器，又称琀。玻璃蝉出土很少，极为珍贵。

广东、广西两省西汉墓中所发现的玻璃器以单色珠饰为主，也有一些玻璃容器。经过成分测试，发现绝大多数属于钾硅玻璃，氧化钾的含量一般在13.7%以上。这种成分的玻璃与同时期中原流行的铅钡玻璃迥然不同，也与西方流行的钠钙玻璃不同。

广东、广西墓葬中所发现的东汉玻璃器以单色玻璃珠为主，还有少量的玻璃耳珰。

（四）魏晋南北朝玻璃器

公元前200年，巴比伦发明了吹管制造玻璃的方法。接着，这个方法传入了罗马。魏晋南北朝时期，此法又传入我国。

同时，外国钠钙玻璃也大量输入我国，带动了中国玻璃制造业的革命性变化。西方玻璃比我国的铅钡玻璃强度大，耐热性好，可以吹制成器。在这一时期，由于吹制法的运用，出现了大量的实用玻璃器，质地、造型、工艺等方面都令人耳目一新。吹制技术盛行，瓶、罐、杯等容器产生了。同时，艺术价值极高的供赏玩的玻璃器也时有所见。这一时期的玻璃器异域风格加重，器物又轻又薄，透明度很好。

古代玻璃器分为实心器和空心器两类，无模吹制法是空心器的主要成型方法，利用空气的流动性、无所不在性和一定的压力性，借助特制工具将玻璃熔液吹成

空泡而成型。这种专门工艺俗称"吹大泡"。

西汉时期，我国已掌握了玻璃器皿的制造技术，但尚未见到采用吹制法成型的玻璃器。

北魏时期，我国工匠吸收了萨珊王朝玻璃吹制法等生产技术，使我国玻璃工艺技术得到进一步提高。吹制法成为南北朝以后中国玻璃产品的主要制造方法。

这一时期的玻璃器很多，如玻璃圆底钵，北魏玻璃器，现藏于河北省文物研究所。高7.9厘米，口径13.4厘米。敛口，鼓腹，圆底，口沿为光圆边。器身为透明玻璃，胎内有密集的小气泡，表面浮有银色蚀变。此钵出土于地宫石函内，刻有北魏孝文帝太和五年(481年)的铭记。

又如玻璃小口圆底瓶，

北魏玻璃器，现藏于河北省文物研究所。高4.3厘米，口径2.1厘米。小口，圆唇，短头，鼓腹，圆底。器身为透明玻璃，有密集的小气泡。此瓶出土于地宫石函内，刻有北魏孝文帝太和五年(481年)的铭记。

玻璃耳珰，六朝玻璃器，1955年3月于宝成铁路南段出土，现藏于重庆市博物馆。高2.3厘米，直径1.2—1.6厘米。深蓝色，半透明，器作圆柱状，上小下大，束腰，中有穿孔，可以悬挂。此耳珰小巧精致，虽长期埋于地下，至今仍熠熠生辉。

（五）隋唐玻璃器

隋朝是一个短命王朝，只有三十七年的历史。但它毕竟是一个大一统的国家，各方面在南北朝的基础上都前进了一大步,为盛唐打下了更为雄厚的基础。

自汉代以来,特别是魏晋南北朝时期,大量国外的钠钙玻璃输入我国,但我国并没有完全采纳这种玻璃的配方,也没有延续前代的铅钡玻璃系统,而是在传统玻璃配方的基础上产生了新的配方,造出了铅玻璃和钠玻璃。铅玻璃以氧化铅为助熔剂,不含氧化钡,也称高铅玻璃。以氧化钠为助熔剂的主要成分而不含钙的玻璃称钠玻璃或碱玻璃。这一改变经三国、两晋的过渡时期后,在南北朝时期才基本完成,并延续到隋唐和宋代。

隋唐玻璃器的成就突出表现在陈设品、生活用品的制作上,主要有玻璃瓶、玻璃茶具、玻璃杯等。

隋代玻璃器除了玻璃瓶、玻璃杯之外，还有玻璃戒指、玻璃珠、玻璃卵形器等。均采用吹制法，器壁极薄，光亮度很好，一改中国吹制玻璃器粗糙的状况。这表明隋代的吹制技术已经达到了很高的水平，器型均为中国传统造型。如椭圆形玻璃瓶，1957年于陕西省西安市西郊隋代李静训墓出土，现藏于中国历史博物馆。高12.3厘米，口径3.8厘米，足径4.9厘米。绿色玻璃制成，瓶口与腹部的俯视面均为椭圆形，直口，卷唇，直颈，溜肩，鼓腹，圈足。此瓶气势挺拔，晶莹可爱，色泽透亮，不同部位深浅变化不一，为我国古代玻璃器中的珍品。

又如玻璃戒指，1958年于湖南省长沙市出土，现藏于湖南省博物馆。直径2.2

厘米，暗紫色。

又如玻璃卵形器，1957年于陕西省西安市隋代李静训墓出土，现藏于中国历史博物馆。径4.7—6.3厘米，形如鸡蛋，晶莹可爱。

唐代玻璃器继承隋代的传统，玻璃器数量、品种增多，质量也更高了。如花卉纹蓝色玻璃盘，陕西省扶风县法门寺地宫出土，现藏于陕西省扶风县法门寺博物馆。圆形，蓝色，半透明，侈口，平折沿，沿边较宽，颜色较深，浅腹起棱。模铸成型，与汉唐铜盘、银盘相似，有实用价值。此盘光泽滑润，质地纯正，造型浑圆，无瑕疵，熔铸工艺和成型工艺水平极高。盘中用阴线刻绘花叶形纹饰图案，格局严谨有致，细线组合成黑白灰纹饰线，布局繁密，有如银线嵌。整器雍容华贵，再现了盛唐风韵。

玻璃舍利瓶是唐代玻璃器的代表

作。如洛阳市龙门博物馆所藏的玻璃舍
利瓶，多面磨刻，长颈，瓶盖形如花蒂，由
黄金制成。瓶内盛数颗不同颜色的固体
物，为舍利。此瓶工艺精湛，造型奇特，
质地精良，为难得一见之珍品。

（六）宋代玻璃器

宋代，朝廷成立了官家玻璃制造作
坊，称"乐玉作"，生产仿玉玻璃。君臣之
冕用乐玉青珠，大带贯以乐珠。乐玉、乐
珠均指仿玉玻璃制品。宋
代玻璃生产基地除乐玉作
之外，还有山东颜神镇、
洛阳、淮北、苏州、新安
以及泉州等地。当时最大
的玻璃器莫过于苏灯，是
用玻璃制造的元宵挂灯。
宋代，元宵节前后，苏州
到处都有店铺出售各种彩

灯，其中就有玻璃灯。宫中每到元宵节，都要张挂苏州进贡的玻璃灯，称之为"苏灯"。

宋代玻璃器数量大增，品种也比以前丰富了。玻璃瓶的形制较前代有所变化，绝大部分为葫芦形瓶，形体不大，器壁极薄，颜色有乳白色、淡青色、黄绿色等。如玻璃葫芦瓶，高4.3厘米，腹径3.1厘米，1969年于河北省定县（今定州）五号塔基出土，现藏于河北省定州市博物馆。

除纯粹的葫芦形之外，还有由葫芦形演化而来的其他形状。如圆腹玻璃瓶，1966年于河南省密县北宋塔基出土，现藏于河南省密县文化馆。高7.2厘米，口径1.4厘米。形状颇似葫芦，十分可爱。

出土的宋代玻璃簪

钗等妇女发髻所用之物均为仿玉品，说明玻璃器已经走向民间了。如玻璃簪，湖南省长沙市出土，现藏于湖南省博物馆。长7.9厘米，头径1.2厘米。晶莹温润，有如真玉。

定县五号塔始建于北魏，历经隋、唐、北宋，曾几次重建，最后一次重建为北宋太平兴国二年（977年），定名为"静志寺真身舍利塔"。塔基出土的宋代玻璃器数量和种类都很多，充分显示出北宋时期中国玻璃制造业的水平已经很高了。在历史上，定县制瓷业十分发达，因而烧造玻璃所需要的原料和生产技术都已具备，成为北宋时期玻璃器的主要产地之一，出土的玻璃器质量均为上乘。

宋朝与大食、中西亚及东南亚诸国均有交流，进口了大量的玻璃器。宋代的进口玻璃器出土于河北定县静志寺塔基，有刻花玻璃瓶、深蓝胆形瓶和直筒杯等。

目前，中国已发现了宋代玻璃作坊遗址。新疆维吾尔自治区博物馆工作人员在若羌县瓦石峡遗址曾发现大量玻璃残片，经拼对后可以看出是长颈凹底瓶。从大量的吹制玻璃废料来看，显然当地存在过一个制造玻璃器皿的作坊，作坊遗址的年代属于宋代。两宋玻璃器的多样化，为元代玻璃器的繁荣发展提供了技术条件。

(七) 辽金玻璃器

在内蒙古地区发现的辽金时代的墓葬和遗址中，曾出土过玻璃器。其

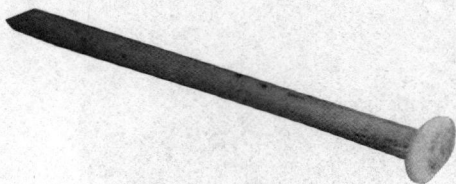

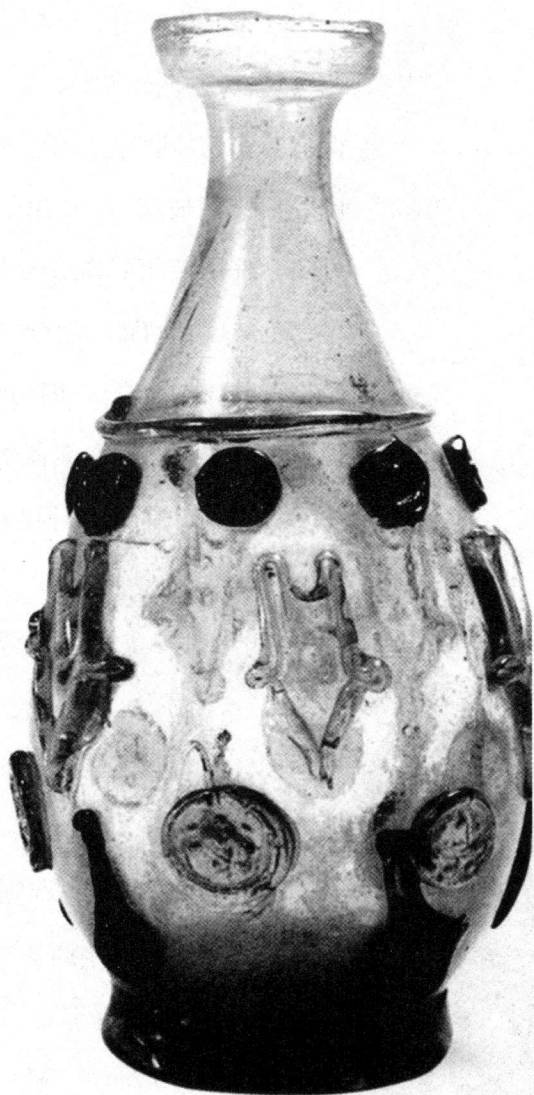

中除饰件外，还有精美的实用器。

辽金是由契丹、女真族建立起来的北方政权，与两宋对峙，并与中西亚各国保持着密切的联系。当时，朝廷、寺院和庶民都使用玻璃器。从出土的玻璃制品可知寺院用玻璃器作盛舍利的器皿，如墨绿色玻璃舍利瓶，辽代玻璃器，出土于内蒙古巴林右旗辽庆州释迦佛舍利塔，现藏于内蒙古巴林右旗博物馆。通高3.8厘米，口径0.3厘米，腹径3.85厘米，口径厚0.3厘米，瓶底厚0.5厘米。瓶呈蒜头形状，墨绿色，壁薄膛大，光素无纹。口径极小，短斜颈，圆腹圆底。

辽金官员用乐玉作带饰，皇家贵族则使用从陆路输入的中西亚玻璃器。如蛋白色玻璃带跨，辽代玻璃器，长5.7厘米，宽3.3厘米，厚0.7厘米。出土于辽宁省义县清

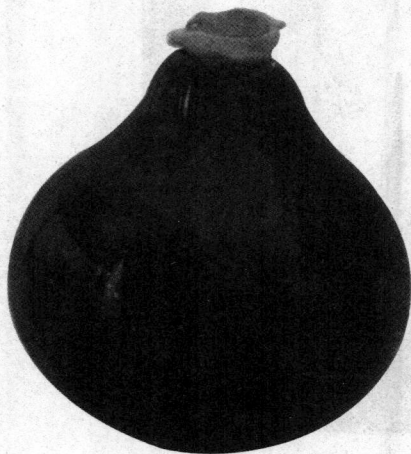

河门，现藏于辽宁省博物馆。蛋白色，背
部有固定于带上的小孔。此器为仿玉品，
既实用又美观。又如，辽代玻璃器，出土
于内蒙古奈曼旗辽陈国公主墓。此器透
明，双唇，侈口，漏斗形细高颈，宽扁把
手，球形腹，喇叭形高圈足。腹壁饰五排
小乳钉，花式镂空把手用十层玻璃条堆
砌而成，造型奇特，工艺精湛。

（八）元代玻璃器

成吉思汗东征西讨时，缴获了大量
的玻璃器。忽必烈于1271年在燕京称帝，

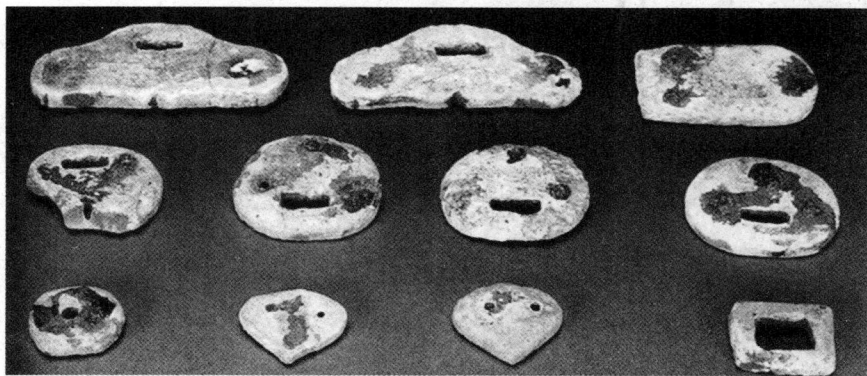

建立元朝，设置了庞大的官办手工业管理机构，成立了罐玉局，作为宫廷监制玻璃器的机构，官办玻璃作坊生产的玻璃一直保持着很高的水平。山东青州益都颜神镇是全国玻璃生产中心，生产了大量的玻璃器。

元代传统玻璃陈设品和仿古玻璃器的数量开始增多，为明清之际实用玻璃器的发展奠定了基础。如玻璃镂空三彩龙凤纹薰炉，现藏于北京首都博物馆。炉顶为博山形制，在嶙峋的山石之间盘卧一龙，古意盎然。炉有两直耳，炉腹又圆又鼓，透雕凤纹。炉腹下有三兽形足，呈平稳之势。整器色彩斑斓，绚丽多姿，艺术感染力极强。

又如玻璃莲花盏托，出土于甘肃省漳县汪世显家族墓葬20号墓，现藏于甘肃省博物馆。此盏高4.8厘米，口径8.6厘米，托高1厘米，口径12.5厘米。盏与托各一件，其中盏

由蓝色玻璃制成，半透明，口、腹部为七瓣莲花式，以尖锐的莲瓣尖组成口。底为假圈足，底心微内凹。整器宛如正在盛开的莲花。托的内圈为八边形，平底，

口沿稍扬起，呈八瓣莲花状，比盏的颜色略浅。造型优美，制作精巧，色彩艳丽，堪称稀世珍品。

（九）明代玻璃器

朱元璋建立明朝后，朝廷规定四品以下官员不能佩玉，只能佩药玉。药玉佩即玻璃佩。扬州市梅花岭史可法衣冠冢曾出土史可法用过的玻璃玉带。

明代太监于山东青州益都颜神镇设外厂，专造大内所用的青帘。青帘是用蓝色玻璃穿成的帘子。颜神镇玻璃制造业

受到朝廷重视，得到了极大的发展，成为明代北方玻璃生产中心。据文献记载，丹阳、淮北、云南等地也有生产玻璃的作坊。

明代，玻璃器已在民间普及，围棋子就有用玻璃做的，后来还出土了大量的药瓶。除日用品外，还有很多饰件。如蓝色玻璃珠，为珠串中的一颗，细如玉，造型优美，工艺精湛。又如玻璃带板，1978年于扬州市梅花岭史可法衣冠冢出土，现藏于江苏省扬州市博物馆。每块长9厘米，宽6厘米，是极珍贵的历史文物。明代玻璃制造业上承元代，下启清代，继往开来，在历史上占有重要的地位。

（十）清代玻璃器

清代玻璃器数量繁多，色彩绚烂，工艺复杂，因此清代成为中国古代玻璃工艺的鼎盛期。清代早期，玻璃生产技术已经达到很高的水平。这时，欧洲制造的晶莹可爱的玻璃制品传入我国，颇受统治者的喜爱。乐于接受外来科学技术的康熙皇帝决心生产更加优质的玻璃器，特地于康熙三十五年（1696年）请来德国传教士兼技师纪理安作技术指导，建立了清宫玻璃厂，也就是内务府养心殿造办处玻璃厂，掀起了清初玻璃生产的高潮，为皇家玻璃生产的繁荣奠定了物质和技术的基础。直至宣统三年（1911年）清代灭亡，皇家玻璃厂一直烧造不断，生产了大量优

质玻璃器。

清宫玻璃厂集中了全国各地的优秀工匠，引进西欧玻璃制造技术，创造了一大批玻璃新品种，如金星玻璃器、缠丝玻璃器、套色玻璃器。玻璃器的装饰技法多种多样，如雕刻、描彩、戗金和烧珐琅彩等。除清宫玻璃厂外，博山、广州、北京和苏州等地也生产玻璃。

博山玻璃制造业已有近千年的历史，在光绪年间每年向外地输出玻璃制品七千多担，产品有仿制佩玉、屏风、棋子、念珠、鱼瓶、簪珥、葫芦、砚滴、佛眼、珠子等几十种。有些玻璃珠曾出口到东南亚各国，还被转销到北美洲，深受印第安人的喜爱。

乾隆时期政局稳定，有了雄厚的物质基础。乾隆皇帝推崇文化艺术，使乾隆时期成了清代工艺美术发展的黄金时代。乾隆元年（1736

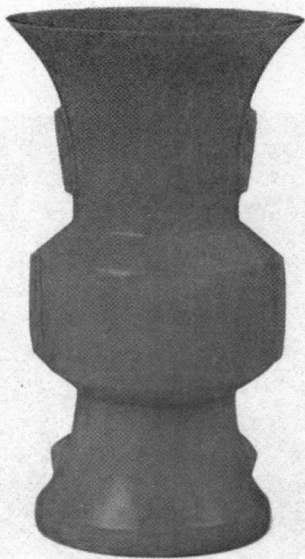

年）到乾隆三十年（1765年），玻璃厂大规模生产玻璃器，出现了清代玻璃制作的高峰期。从玻璃品种上看，分为单色玻璃器、套色玻璃器、画珐琅玻璃器、金星玻璃器、刻花玻璃器、戗金玻璃器、搅胎玻璃器、缠丝玻璃器、描金玻璃器等。从数量上看，整个乾隆时期制作的玻璃器有几万件左右。从用途上看，有生活用品、陈设品、佛堂用品、文房用品、装饰品

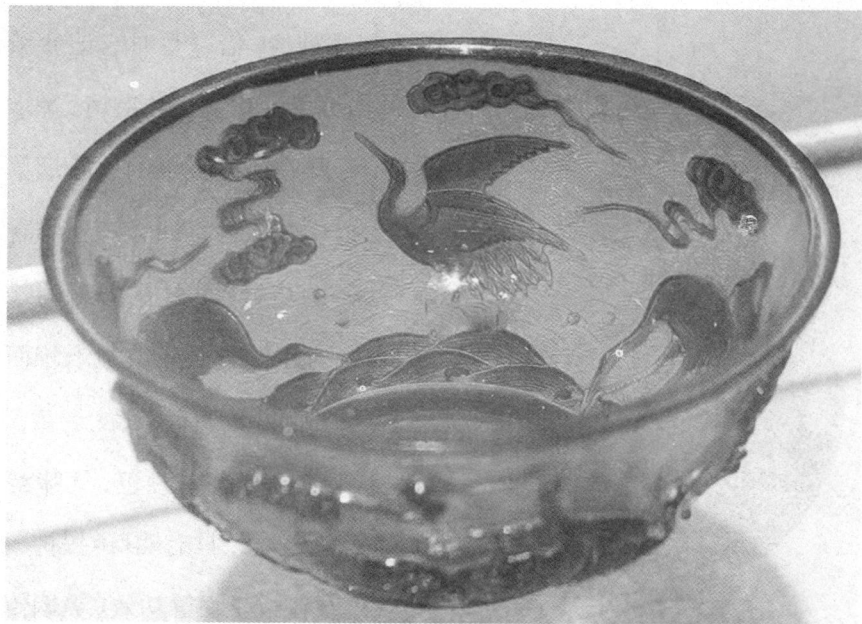

等。玻璃厂除了定期制作玻璃器外，皇帝还要求玻璃厂在重大节日期间向皇室进献玻璃器。这些玻璃器主要供皇家使用，有时也用于赏赐，如每年赏给达赖、班禅的物品中就有玻璃瓶、玻璃碗和玻璃鼻烟壶等。

鼻烟是一种烟草制品，烟草的发源地为美洲。古印第安人为了寻找食物或狩猎场地，经常赶着牛车长途跋涉和迁徙，生活十分艰苦。为此，他们往往用烟草的味道刺激神经，借以暂时忘记疲劳和饥渴，并用烟草治疗创伤和疾病。鼻烟是在研磨极细的优质烟草中加入名贵的辛辣和馨香的药材后，放在密封的蜡丸中陈化数年或数十年而成的。鼻烟有嫩黄、老黄、紫黑等多种颜色，气味醇厚辛辣，具有明目、提神、避疫、活血等功效。鼻烟传

入中国后，中国人先是用传统的药瓶盛放鼻烟，后来，人们用多种材质和制作工艺来完善鼻烟盛具。他们在使用过程中发现口小腹大的瓶子存放鼻烟更好，能保证鼻烟在长期使用中不变质，并且携带方便。于是，鼻烟壶产生了。

清代，上至皇帝，下至百姓，吸闻鼻烟之风十分盛行。后来，鼻烟壶的品种逐渐增多。到清乾隆时期，已出现用玉石、翡翠、晶石、宝石、玛瑙、陶瓷、铜银、竹木、玻璃等为材料制成的鼻烟壶。

乾隆末年，一位嗜鼻烟成癖的地方小吏进京办事。他为人正直、做官清廉，没有进行贿赂，希望按正常途径办事。不料，朝廷官员一拖再拖，地方小吏钱粮耗尽，万般无奈，只好寄宿在京中的一所寺庙里。当玻璃鼻烟壶中的

卧冰求鱼

继母人间有
王祥天下无
至今河上水
一片卧冰摸

马少宣

鼻烟用尽时,他无钱购买,便用竹签掏挖壶壁上黏附的鼻烟,在内壁上形成许多划痕。这一情景让一个有心机的和尚看见了,和尚灵机一动,将竹签烤弯后削出尖头,蘸上墨在透明的鼻烟壶内壁上作画。于是,内画鼻烟壶诞生了。

最初的内画鼻烟壶因为内壁光滑,不易着色,只能画一些简单的画面和图案。后来,艺人用铁砂和金刚砂加水在鼻烟壶内壁上来回摇磨,使鼻烟壶内壁变成乳白色的磨砂玻璃,不再光滑,容易着色。从此,内画鼻烟壶出现了一些诗书画并茂的艺术精品。

清代嘉庆以后,内画鼻烟壶的工艺水平已经很高了。如内画婴戏图鼻烟壶,一面绘三个童子兴致勃勃地围在一起制作钓鱼钩的情景,并配诗道:"老妻画

纸为棋局，稚子敲针作钓钩。"另一面以欧体楷书写道："柱卿仁兄大人雅玩。观花匪禁，著手成春。生气远出，流莺比邻。绿林野屋，花草精神。脱有形似，明月前身。马少宣。"款下钤椭圆白文"少宣"二字印。此壶色彩鲜明，儿童形象天真可爱，是清末内画大师马少宣的精美之作。马少宣在内画人物肖像上取得了突出的成就，成功地将唐代著名书法家欧阳询的楷书再现于小小的鼻烟壶中，成为空前绝后的创举。

由于内画鼻烟壶是集中国工艺美术之大成的袖珍艺术品，现已成为中国玻璃器中的瑰宝。外国人争相收藏内画鼻烟壶，美国和欧洲各博物馆中均有藏品。

清代的套色玻璃鼻烟壶也十分有名。套色

玻璃鼻烟壶多以涅白玻璃胎为底色，有套红、套粉红、套蓝、套绿、套黄、套黑等多种，为天然宝石所没有的色彩搭配。套色玻璃鼻烟壶的图案内容广泛，如云龙、螭虎、双鲤、莲瓣、荷花、葡萄、梅花、秋趣、折枝花等，还有吉祥图案，如三阳开泰、五凤朝阳、鹤鹿同春、葫芦万代、龙凤呈祥、福寿如意等等。

清宫生产的玻璃器具有独特的中国风格，工艺精美，受到各国人民的赞赏。

北京故宫博物院收藏清代皇家玻璃器和民间玻璃器多达数千件，为研究清代玻璃器提供了重要的实物资料。如清乾隆白套蓝玻璃缠枝花卉纹朝冠耳炉，炉体以模具吹制，足与耳为模铸，相互黏结而成。通高18.2厘米，口径

11.5厘米，足距9.4厘米。盘口，短颈，鼓腹，朝冠耳，三兽蹄形足，内附铜胆。口沿刻回纹，一侧阴刻横行楷书"乾隆年制"四字款。颈部饰蔓草纹，腹部环饰缠枝花卉纹，其中有盛开的大花三朵，分别与三足的位置相对应，足上阴刻卷云纹。此炉为宫中礼佛供器，造型周正，雕刻精细，花纹优美流畅，风格清新雅致，堪称珍品。

又如红色玻璃洒金星水盂，清宫玻璃厂烧造，现藏于北京故宫博物院。高4.5厘米，口径10.1厘米。有模吹制，通体洒金星，撇口，束颈，鼓腹下敛，平底内凹。造型规整，通体闪闪发光，是清中期玻璃器中的珍品。

又如透明玻璃藏式佛塔，清宫玻璃厂烧造，现藏于北京故宫博物院。通高86厘米，长36.5厘米，宽36.5厘米。造型为藏传佛教佛塔的典型样式，此塔由模压、吹制等工艺制作的26个构件组装而成。

塔身主体为覆钵式，内有珐琅无量寿佛一尊。须弥座表面环饰阴刻戗金的卷云纹和俯仰的莲瓣纹。此塔形制大，工艺精，宛如水晶，晶莹剔透，流光溢彩，为空前绝后的玻璃杰作。

四、中国古代著名玻璃器

蜻蜓眼玻璃珠，春秋玻璃器。出土于山西省太原市金胜村，现藏于山西省考古研究所。此器长2.2厘米，直径1.2厘米，重8克。球形，两端略平，中有圆孔。浅蓝底，镶嵌24个白边深蓝圆点，酷似蜻蜓眼。制作精美，供串珠用。

蜻蜓眼玻璃珠串，战国玻璃器，现藏于台湾省国立历史博物馆。以蜻蜓眼式玻璃珠构成，圆球形的珠上饰有形似蜻蜓眼的圆形物，其上加有蓝、黄、白相间的圆圈纹。蜻蜓眼式玻璃珠之间连有小白点或蓝点组成的菱形纹。蜻蜓眼式玻璃珠与地中海地区和西亚出土的玻璃珠十分类似，但中国的蜻蜓眼式玻璃珠之间有小白点连成的菱形纹，风格与西方不同。

柿蒂纹谷纹玻璃剑首，战国玻璃器。1953年于湖南省长沙市东塘11号墓出土，现藏于湖南省博物馆。米黄色，圆形，略呈喇叭状。直径4.5厘米，厚0.5厘米。背面中央有一小柱，长0.4厘米，径0.9厘米。

正面光亮，器表中心有一小圆点，外有两道阳线弦纹，其外有四朵云纹组成的柿蒂状纹饰，在一周较粗弦纹外

是三圈谷纹，谷纹外还有一周细弦纹。

蜻蜓眼玻璃珠，战国玻璃器。1981年于湖南省益阳市出土，现藏于益阳市博物馆。外径2.3厘米，内径0.8厘米。珠中间有穿孔，珠两端绕孔一圈饰蓝色绞索纹，珠体底色为黄色。主纹为大小相同的蓝黄色蜻蜓眼纹。中间是三个大的蜻蜓眼纹，黄色的大圆圈内有七个蓝黄相间的小圆圈，似梅花纹。围绕着大蜻蜓眼有四个梅花纹状的小蜻蜓眼纹和四个黄蓝相间的双圈蜻蜓眼纹，两者相互间隔。黄蓝相间，色彩鲜艳。

战国玻璃珠，1978年于湖北省随县擂鼓墩曾侯乙墓出土，现藏于湖北省博物馆。最大径2.5厘米。其中一串由七粒单色玻璃珠穿成，珠呈圆形，紫褐色，表面光洁，器形规整。另一串珠子装饰精美，为典型的蜻蜓眼玻璃珠，多呈大小不等的扁

圆体，以浅蓝色或绿色为基色，表面饰以数个白色、浅蓝色的同心套环，其中心部位略高于四周，呈凸起状。此串玻璃珠以缠丝法制胎，再分别蘸取白料和浅蓝色料，呈环状点于珠胎之上，在两者均未完全凝结时黏结而成。这些玻璃珠色泽艳丽，造型规整，体现了较高的工艺水平，堪称战国时期玻璃珠的代表作。

鹅钮玻璃印，战国玻璃器。这是一对鹅形印章，一雄一雌，雄鹅印高8.5厘米，雌鹅印高7.6厘米。翅膀用三条弯曲的凹线纹表示，颈部以下装饰月牙纹。雄鹅印文刻的是"金得"，雌鹅刻的是"大吉"。

平板玻璃牌饰，汉代玻璃器。1983年于南越王墓出土，现藏于南越王博物馆。长10厘米，宽5厘米。长方

形，在穗状纹饰镀金铜框内嵌一块浅蓝色透明平板玻璃。玻璃底部衬麻布，嵌入薄木板，再覆一块铁盖，盖板当中有两个半环钮。玻璃光洁，透亮，气泡少，厚薄一致。玻璃属铅钡玻璃，其中铅和钡的含量分别高达33%和12%，属中国古玻璃系统。平板玻璃在汉墓中属首次发现。过去，人们认为中国平板玻璃出现较晚，而这一发现对研究中国古代玻璃制造业有重要意义。

绿色玻璃杯，汉代玻璃器。1955年于广西省贵县汽车路5号墓出土，现藏于广西壮族自治区博物馆。高3.5厘米，口径12.5厘米，厚0.4厘米。压模成型，半透明，外腹饰以汉代常见的弦纹，与河北省满城发现的西汉玻璃盘相似。

西汉琉璃矛，长沙沙湖桥出土，现藏于湖南省博物馆。长18.8厘米，刃宽2.2厘米，柄长9.8厘米。通体由绿色半透明玻璃制成，刃锋利，矛脊两侧有槽，矛柄呈圆柱形，柄中部凸起呈圆球形。出土的玻璃矛仅此一件，是研究西汉时期玻璃制造以及我国玻璃史的重要实物资料。

弦纹圆底玻璃杯，汉代玻璃器。广西省合浦县风门岭东汉墓出土。口径9.2

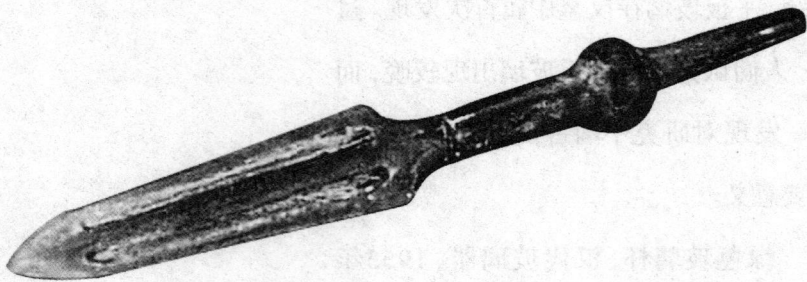

厘米，圆口，圆底，腹部中间部位饰凸弦纹三周，内底中心向上隆起。通体呈湖蓝色，半透明。器形规矩，色泽匀净，是汉代玻璃制品中的精品。此器受外国玻璃器形制及烧造技术影响，以钾为主要助熔剂，形成一种我国自产的玻璃，即所谓"南海玻璃"。此器既受到罗马玻璃的影响，又有我国工匠的创新，甚为难得，极有科研价值。

鸭形玻璃注。北燕玻璃器。1965年9月于辽宁省北票西官营子北燕冯素弗墓出土，现藏于辽宁省博物馆。长20.5厘米，腹径5.2厘米。淡绿色玻璃，光亮，半透明。体横长，鸭形，口为大张鸭嘴状，长颈，鼓腹，细长尾。成型后，采用粘贴法，用玻璃液引出细长条，迅速粘贴于器表作为装饰。头部饰一周

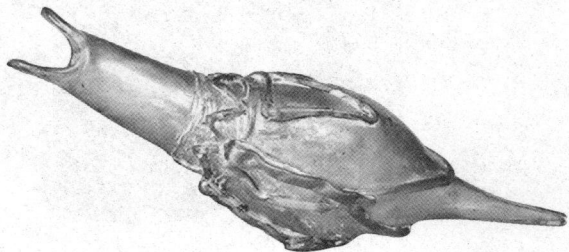

锯齿纹带，象征鸭头的花羽；以玻璃条粘
出一对雏鸭式的三角形翅膀；腹下两侧
各粘一段波状的折线纹以拟双足；腹底
贴一平正的饼状圆玻璃。此器造型生动
别致，重心在前，当腹部充水至一半时，
因后身加重，才能放稳。

　　浅绿色玻璃碗，北魏玻璃器。1988年

于大同南郊北魏墓出土，现藏于大同市博物馆。口径10.3厘米，腹径11.4厘米，高7.5厘米。浅绿色，半透明，侈口，圆唇，宽沿，球形腹，圆底。腹外壁磨出四排向内凹的椭圆形纹饰，底部由六个相切的凹圆纹组成。造型奇特优美，属国家一级文物。

玻璃碗，北周玻璃器，现藏于宁夏固原博物馆。高8厘米，口径9.5厘米，腹部最大径9.8厘米，腹深6.8厘米。碧绿色，直口，深腹，圆底，矮圈足。外壁腹部饰有凸起圆圈图案两周，凸起的凹球面形似吸盘，直径为3.1厘米。上圈六个，下圈八个，上下错位排列，从一处可透视对面圆圈图案三个以上。凸起纹饰最厚处为7毫米。圆形纹饰不太规则，呈扁

椭圆状。通体呈淡黄绿色，玻璃内含小气泡，分布均匀，直径约0.5毫米。不见明显的条纹、结石，透明度好。碗内壁光洁，无打磨抛光痕迹；外壁磨痕明显，方向多为水平或垂直，口沿也有水平磨痕。碗壁厚薄不均，吹制而成。

玻璃棋子，隋代玻璃器。1986年于西安市东郊隋代寺院住持墓出土，现藏于陕西历史博物馆。最小的棋子高1.6厘米，底径2.6厘米；其余高2.7厘米，底径2.6厘米。绿色玻璃，形体近似圆锥形，半透明状，共有13枚，色彩鲜艳，造型精美，与14枚玛瑙棋子成为一副。

玻璃钗，唐代玻璃器，现藏于湖南省文物管理委员会。长15.1厘米，直径0.6厘米，重23克。共两股，大小形状基本相同，并排平行。两股相距0.4厘米。两股尾端比较粗大，直径在0.6厘米至0.5厘米之间，由尾向前由粗变细。前半截较细，直径在0.5厘米至0.45厘米之间，便于插入发髻。通体浅蓝色，半透明。外表光洁，光润晶莹。

蓝色磨花高颈玻璃瓶，唐代玻璃器。1966年于瑞安县慧光塔内出土，现藏于浙江省博物馆。高9厘米，颈高4.5厘米，外口径3.6厘米，内口径1厘米。腹部最大径5厘米，底径3.2厘米。宽平折沿，细长颈，圆肩，球形腹，喇叭形圈足，小平底。颈自下而上略收，上部磨刻二道凹弦纹，下部磨刻四个大小略为不一、不甚规整的圆拱形图案。肩部磨刻一道凹弦纹和一周十二个排列不甚规整的橄榄形磨饰。腹部磨刻的曲线及橄榄形构成三组折枝纹，简洁粗放，与金银器上装饰的枝蔓缠绕的缠枝纹明显不同。器底厚，呈深蓝色，与器身的浅蓝色形成鲜明对比。底部

中心留有制作过程中使用铁棒技术的疤痕。此瓶光洁无锈，透明度好，气泡和杂质极少，具有很高的玻璃熔制水平。瓶内壁为光滑的自由表面，外壁有水平纹理，特别是平展的口沿部位纹理非常明显，可知此瓶为吹模成型。

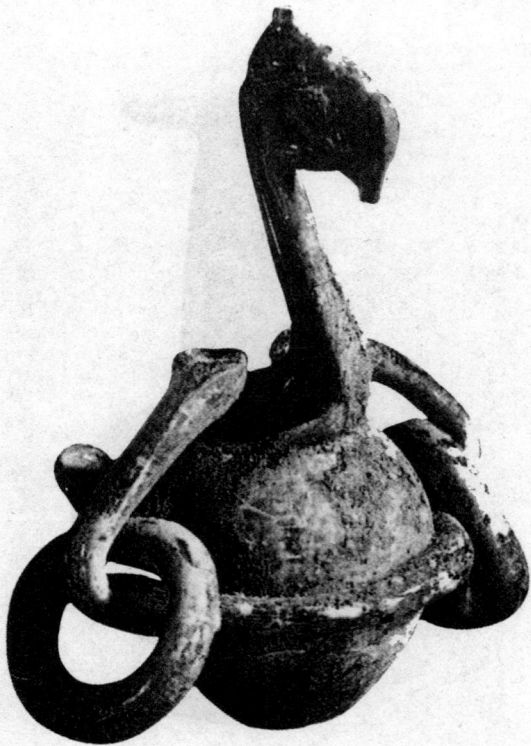

玻璃鸟形物，宋代玻璃器。1966年于河南省密县北宋塔基出土，现藏于河南省密县文化馆。高6厘米，深绿色，透明。身体呈圆球状，球体以无模吹制法制成。鸟颈细长，鸟头如鸡，圆眼，钩喙，尾部短小。球底平切，体内中空，体外腹中部饰有一道凸起弦纹。腹部两侧由凸弦上生出双翅，翅为棒状，向上弯曲至鸟首与腹部交

接处，两翅各套一大圆环，能响动。除球
形鸟体外，其余部分均先拉条捏塑再与
球体热熔而成，鸟冠、鸟喙结合部留有明
显沟痕。此器制作精致，反映了宋代玻璃
制造业的水平，为研究我国宋代玻璃制
造技术提供了珍贵的实物资料。

玻璃壶形鼎，宋代玻璃器。1966年于
河南省密县北宋塔基出土，现藏于河北
省密县文化馆。口径3.1厘米，高8.8厘米。
造型奇特、构思新颖，为
宋代玻璃器之精品。

玻璃葡萄，宋代玻璃
器。1969年7月于河北省
定县北宋塔基出土，现藏
于河北省定州市博物馆。
最大径1.82厘米，长2.15
厘米；最小径1.3厘米，长
1.4厘米。葡萄粒大小不
一，为圆形或椭圆形，腹
壁极薄，内部中空，颜色

以棕色为主,白色和绿色者较少,均半透明。葡萄粒以无模吹制法制成,有如真葡萄,令人垂涎欲滴。

玻璃花瓣口杯,宋代玻璃器。1969年于河北省定县宋代塔基出土,现藏于河北省定州市博物馆。口径16厘米,高10厘米。淡绿色,半透明,表面附着黄白色锈蚀,器壁有小气泡。造型优美,有如莲花。

玻璃钗,宋代玻璃器。1953年于湖南省长沙市南门广场54号墓出土,现藏于湖南省博物馆。长19.2厘米,U形。两股大小形状基本相同,并排并行,一端弧形转折,另一端尖锐,两股尾端比较粗大,由尾向前由粗变细,前端较细,便于插入发髻。通体透明,玻璃中可见许多小气泡。

天蓝色玻璃管,辽代玻璃器。出土于辽宁省义县清河门,现藏于辽宁省博物馆。长24厘米，出土4枚，均为棱柱形，横弦纹，中有通孔，用于穿绳。表面呈现贝壳光彩，风格粗放。

淡绿色玻璃瓶，辽代玻璃器。出土于辽宁省朝阳市北塔天宫，现藏于辽宁省朝阳市北塔博物馆。高16厘米，腹围8.3厘米，底径5.7厘米。玻璃吹制而成，呈淡绿色。圈足外撇，凹底，腹似卵形，最大腹径在下部，向上骤收成细颈。平口，一侧出尖，鸟首状流。板状执柄，其上端立一鸟尾状扁柱。瓶上有子母口式金口。瓶内底部立一淡蓝色小玻璃瓶，弧腹，厚底，一侧有执柄。瓶体轻薄，晶莹剔透，经吹拉、捏塑、黏结等多道工序。造型奇异，工艺精湛，世所罕见。

翠绿色玻璃镶银扣方盘，辽代玻璃器。出土于辽宁省法库县，现藏于辽宁省博物馆。

盘为正方形平面，翠绿色。中间有一圆形凹坑，四角方向各有一叶形凹坑，四叶间均刻两道横纹，外沿镶一周银扣，下部有四个锥形足。色调深沉典雅，形体厚重平稳。出土时上有一只玛瑙杯，此盘当为盏托。

绿色玻璃璧，元代玻璃器，现藏于台湾省国立历史博物馆。径5.3厘米，内径1.3厘米。传统压模工艺制造，一面光滑并有光泽，另一面粗涩无光。半透明，为上乘人造玉。

玻璃圭，元代玻璃器。1964年于江苏省苏州市张士诚父母合葬墓出土，现藏于江苏省苏州市博物馆。长42.6厘米，宽

6.5厘米，厚1厘米。圭是礼器，上尖下方，中有脊。此圭呈青翠色，有光润感，细腻洁净，略有气孔，有玉质感。此圭质地纯净，反映了我国元代玻璃制作工艺的高水平，是极为罕见的珍品。

玻璃寿字镯，清代玻璃器，现藏于北京故宫博物院。高1.6厘米，口径7.2厘米。模制，圆形，直壁，通体白色半透明玻璃上套绿色寿字纹一周，其中六个团寿字，六个长寿字，间隔排列。造型工整，色泽温润，柔和似玉。

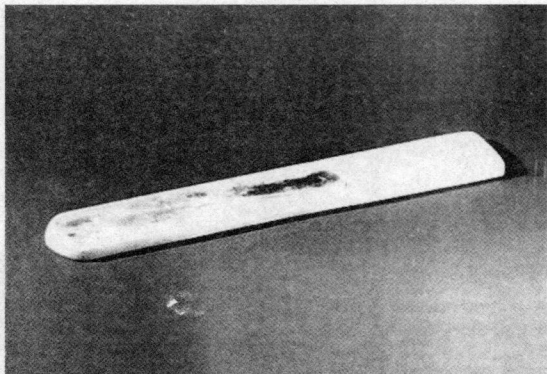

玻璃笔枕，清代玻璃器，现藏于台北故宫博物院。共四件，分别为透明天蓝色、不透明浅蓝色、鹅黄色、草绿色，色彩纯净鲜嫩。三件形制如距骨，中央有穿孔；一件形制如银锭。四件均为实体玻璃器，两端高，中央低，可放笔。距骨式器又名嘎拉哈或嘎什哈，北魏以后北方草原民族的墓葬中多有出土，也有以水晶、白玉雕制的。这四件笔枕纯美无瑕，造型古雅，为玻璃器中的精品。笔枕也称笔搁，是放笔用的文房用具。

金星玻璃三阳开泰山子，清代玻璃器，现藏于北京故宫博物院。高12.5厘米，长22厘米。此器作嶙峋山石状，其间有三只绵羊，姿态各异，寓意三

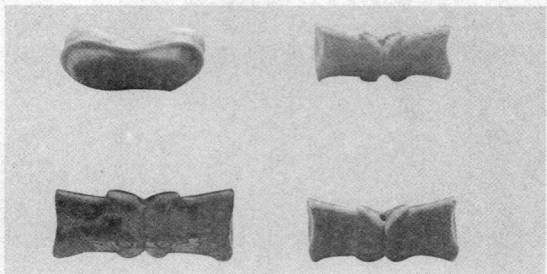

阳开泰。山脚下，左边一羊仰首观天；右边一羊低头下山；第三只羊卧于山顶，作回首张望状。底部中心阴刻双竖行篆书"乾隆年制"四字款。器底附有黄杨木山石水波纹座。三只绵羊体态浑圆，山石陡峭险峻，棱角分明，工匠运用不同的雕刻技法达到了刚柔相济的效果。此山子为金星玻璃器中的传世精品。山子是以山

石为主要造型的圆雕。

黄玻璃水丞，清代玻璃器，现藏于北京故宫博物院。高5.6厘米，口径2厘米。圆球状，器上开一圆形小口，底略平，阴刻双直行"雍正年制"四字款，款外圈以单直线方框。腹内可贮水，附有一铜制小勺。此器是置于书案上的贮水器，供研墨用。造型新奇，美观小巧，新颖别致，玲珑剔透，艳丽润泽，色度均匀。水丞又称水中丞，用于贮砚水，多为扁圆形，有嘴的叫水注，无嘴的叫水丞。

蚀刻赭色庭院养蚕图玻璃画片，清代玻璃器。高33.2厘米，宽43.5厘米，厚0.2厘米。长方形，采用蚀刻技法制作。以乡村妇女于庭院养蚕为题材，画面左侧为庭院一角，院内修竹摇曳，围墙外一简易草棚临溪而建。草棚内有六名村妇分成两组：一组在整理桑叶，准备喂蚕；一组在检查蚕茧。画面逼真，布局合理，颇似工笔画。清代晚期，这类以中国传统生产、生活为题材的玻璃蚀刻画深受西方人士喜爱，为当时外销商品之一，外国博物馆多有收藏。

雄黄色玻璃扳指，清代玻璃器，现藏于北京故宫博物院。高1.3厘米，口径2.7

厘米，厚0.3厘米。模制，圆形，直口，雄黄色玻璃体，遍布紫红色斑点纹。造型优美，色彩鲜艳。扳指是古时弓箭的辅助发射用具，在拉弓放箭时，用以保护手指。扳指最初是用去毛的熟皮革制成，系在右手大拇指上，用于钩弦开弓。后来，随着工具的发展，简单的手指护具发展成中华民族的艺术珍品，成了男子套在右手大拇指上的筒状饰物。清代，普通旗人佩戴的扳指以白玉磨制者居多，也有用仿玉玻璃做的。

五、玻璃器的保养

　　玻璃器刚出土时，首先应立即除掉表面和碴口上附着的脏物。可用细小的毛笔蘸蒸馏水轻轻地擦洗，不易去掉的脏物可用脱脂棉签蘸乙醇擦洗。如果还不能去掉脏物，可以将玻璃器浸入蒸馏水中擦洗。蒸馏水具有较强的溶解力，可把松散的杂质分离出来。如果还不能去掉脏物，可在清洗玻璃器过程中使用化学药剂：先用蒸馏水长时间反复浸洗，然后将玻璃器放入丙酮溶液里擦洗，再将器物放入乙醇中。最后将玻璃器放在90℃左右温度下几个小时，直至彻底干燥。

玻璃器比较脆，平时要精心保养。宜用柔软的布擦拭玻璃器；用温水加中性清洁剂清洗，然后用清水冲干净再晾干；腐蚀的玻璃可用矿物油或婴儿油擦拭，以减少指痕残留；玻璃花瓶最好隔两三天换一次水，并维持不同水位；玻璃器周围要尽量保持恒温，避免激烈的温度变化；使用玻璃烛台时，一定要避免蜡烛烧到底。

移动玻璃器时应双手轻拿轻放，不要与坚硬、锐利的物体碰撞或摩擦，要避免剧烈震动。

　　修补玻璃器时，首先将洗净并彻底干燥后的玻璃碎片平放于案上，细心拼装成器。拼接每一块残片时都很不容易，既费神又费力，因此要戴上放大镜。同时，要根据大小不同的残片准备不同型号的镊子和其他工具，用来夹取碎片。修补时要先从底部入手，因为底部通常是平的，而且底部的材料大都又厚又醒目。具体操作时，必须将每块碎片正确拼合，不许出现台阶，要照原样拼装起来，固定好底部。这样，后面的拼装就容易多了。先用聚乙烯细条黏胶带将玻璃片逐步拼粘成器，然后用"几"字形黄铜小钉取代聚乙烯黏

胶带。在修复过程中，所用的黏合剂会跑
到胶带的下面去，使胶带软化，"几"字
形黄铜小钉能起到进一步加固器形的作
用。在黏合剂硬化过程中，千万不能操之
过急。不能用加热玻璃器的办法使其硬
化，因为古代玻璃对温差引力非常敏感，
尤其是暗色玻璃对热辐射的吸收力特别
强，加热后原先看不到的细缝都会显露
出来，致使玻璃器进一步受到损害。黏合
剂完全硬化之后，用刮刀把铜钉两端的
氰基丙烯酸酯黏合点去掉，一个完整
如新的玻璃器就呈现在眼前了。